Impressum
Verlag: BABADADA GmbH, Nedderfeld 112 , 22529 Hamburg
Geschäftsführer / Verlagsleitung: Harald Hof
Druck: Books on Demand GmbH, In de Tarpen 42, 22848 Norderstedt

Imprint
Publisher: BABADADA GmbH, Nedderfeld 112 , 22529 Hamburg, Germany
Managing Director / Publishing direction: Harald Hof
Print: Books on Demand GmbH, In de Tarpen 42, 22848 Norderstedt

škola

colegio

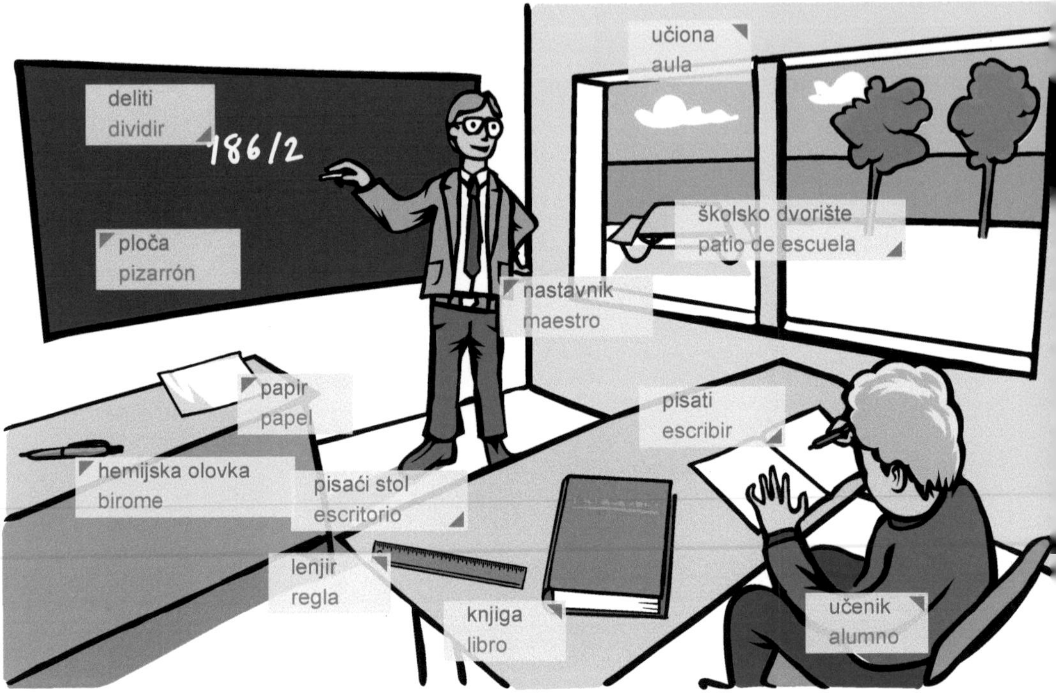

deliti
dividir
186/2
ploča
pizarrón
učiona
aula
školsko dvorište
patio de escuela
nastavnik
maestro
papir
papel
pisati
escribir
hemijska olovka
birome
pisaći stol
escritorio
lenjir
regla
knjiga
libro
učenik
alumno

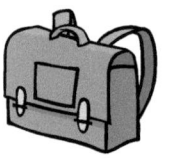

torba

mochila

pernica

caja de lápices

grafitna olovka

lápiz

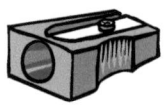

šiljilo za olovke

sacapuntas

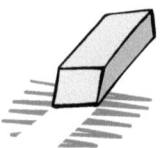

gumica za brisanje

goma (de borrar)

blok za crtanje

bloc de dibujo

crtež

dibujo

kist

pincel

kutija sa bojama

caja de pinturas

makaze

tijera

lepilo

pegamento

beležnica

cuaderno de ejercicios

domaći zadatak

tarea

broj

número

sabirati

sumar

oduzimati

restar

množiti

multiplicar

računati

calcular

slovo

letra

abeceda

abecedario

reč

palabra

tekst

texto

čitati

leer

kreda

tiza

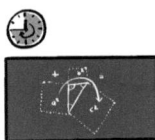

čas

lección

dnevnik

cuaderno de clase

ispit

examen

svedočanstvo

certificado

školska uniforma

uniforme escolar

obrazovanje

educación

leksikon

enciclopedia

univerzitet

universidad

mikroskop

microscopio

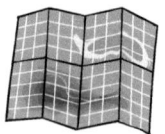

karta

mapa

košara za papir

tacho (de basura)

hotel
hotel

prenoćište
hostel

menjačnica
casa de cambio

kofer
valija

auto
auto

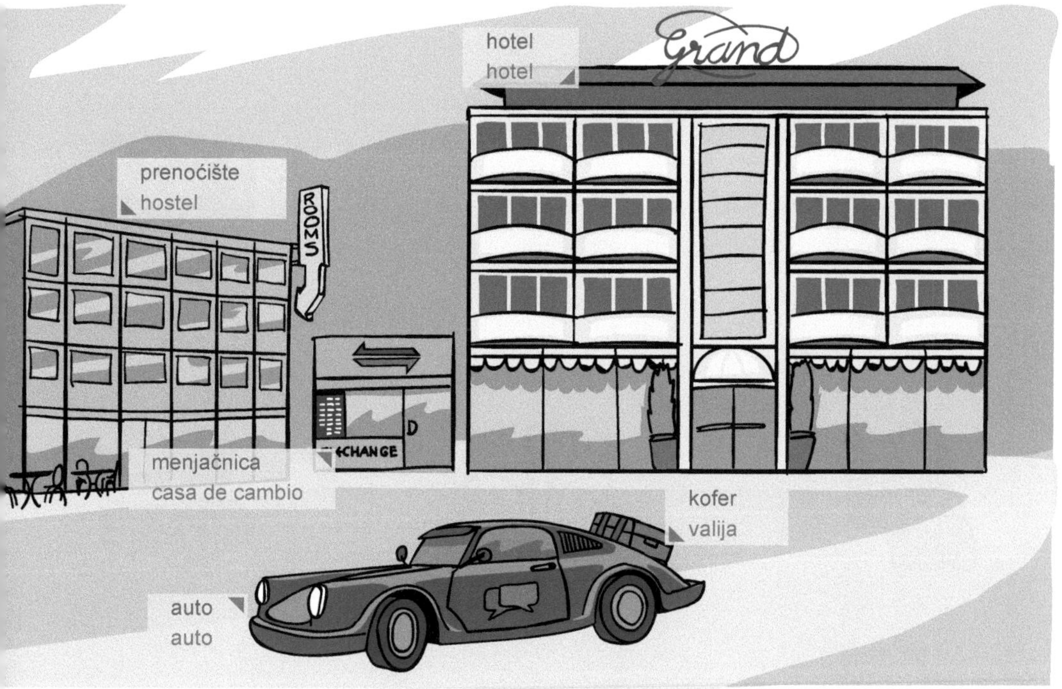

jezik
idioma

da / ne
sí / no

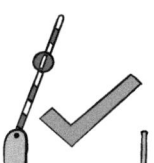

okej
Está bien

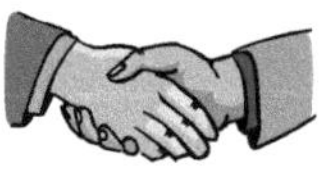

zdravo
hola

prevodilac
traductor

hvala
Gracias

Koliko košta…?

¿cuánto cuesta…?

ne razumem

No entiendo

problem

problema

dobro veče!

¡Buenas tardes!

Dobro jutro!

¡Buenos días!

Laku noć!

¡Buenas noches!

doviđenja

adiós

smer

dirección

prtljaga

equipaje

torba

bolso

ruksak

mochila

gost

invitado

soba

habitación

vreća za spavanje

bolsa de dormir

šator

carpa

turističke informacije

información turística

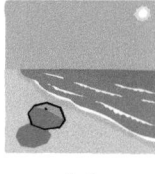

plaža

playa

kreditna kartica

tarjeta de crédito

doručak

desayuno

ručak

almuerzo

večera

cena

karta za vožnju

pasaje

lift

ascensor

poštanska markica

sello

granica

frontera

carina

aduana

ambasada

embajada

viza

visa

pasoš

pasaporte

transport
transporte

avion
avión

brod
barco

vatrogasno vozilo
autobomba

autobus
colectivo

teretno vozilo
camión

motorni čamac
lancha a motor

bicikl
bicicleta

auto
auto

trajekt
ferry

čamac
bote

motocikl
moto

policijski auto
patrullero

trkaći auto
auto de carreras

iznajmljeno auto
auto de alquiler

delenje automobila

alquiler de autos

vučno vozilo

grúa

vozilo za odvoz smeća

camión de basura

motor

motor

benzin

nafta

benzinska stanica

estación de servicio

saobraćajni znak

señal de tránsito

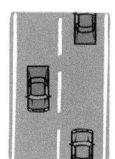

saobraćaj

tránsito

zastoj

embotellamiento

parkiralište

estacionamiento

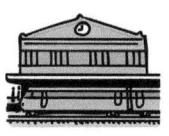

železnička stanica

estación de tren

šine

vías

voz

tren

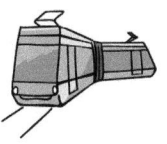

tramvaj

tranvía

vagon

vagón

helikopter

helicóptero

aerodrom

aeropuerto

kula

torre

putnik

pasajero

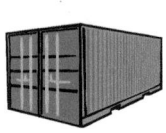

kontejner

contenedor

karton

caja de cartón

kolica

carretilla

korpa

canasta

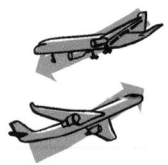

uzleteti / sleteti

despegar / aterrizar

grad

ciudad

selo

pueblo

centar grada

centro de ciudad

kuća

casa

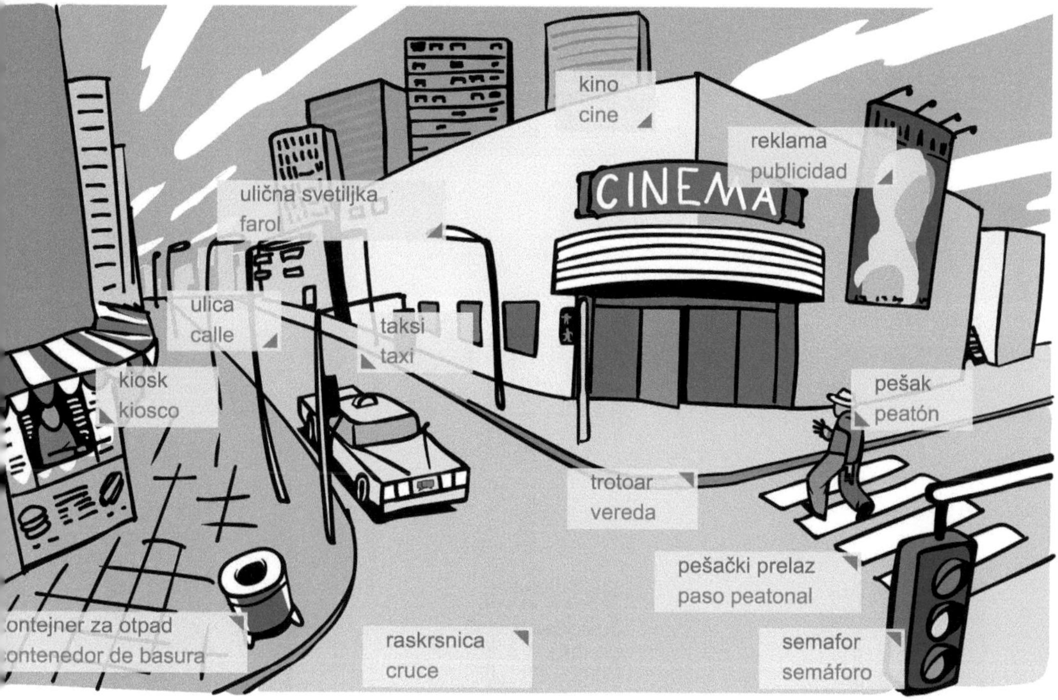

kino
cine

reklama
publicidad

ulična svetiljka
farol

CINEMA

ulica
calle

taksi
taxi

kiosk
kiosco

pešak
peatón

trotoar
vereda

pešački prelaz
paso peatonal

kontejner za otpad
contenedor de basura

raskrsnica
cruce

semafor
semáforo

koliba

cabaña

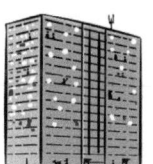

stan

departamento

železnička stanica

estación de tren

većnica

municipalidad

muzej

museo

škola

colegio

univerzitet

universidad

banka

banco

bolnica

hospital

hotel

hotel

apoteka

farmacia

kancelarija

oficina

knjižara

librería

prodavnica

negocio

cvećara

florería

supermarket

supermercado

trg

mercado

robna kuća

grandes tiendas

ribarnica

pescadería

trgovački centar

centro comercial

luka

puerto

park
parque

klupa
banco

most
puente

stepenice
escaleras

podzemna železnica
subte

tunel
túnel

autobuska stanica
parada del colectivo

bar
bar

restoran
restaurante

poštansko sanduče
buzón

ulični znak
letrero

parkirni automat
parquímetro

zoološki vrt
zoológico

bazen
pileta

džamija
mezquita

grad - ciudad

seosko gazdinstvo
granja

zagađenje okoline
contaminación

groblje
cementerio

crkva
iglesia

igralište
juegos infantiles

hram
templo

pejsaž
paisaje

list
hoja

putokaz
poste indicador

put
camino

livada
pradera

kamen
piedra

drvo
árbol

šetač
excursionista

reka
río

trava
hierba

cvijet
flor

dolina
valle

planina
montaña

jezero
lago

šuma
bosque

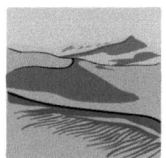

pustinja
desierto

vulkan
volcán

dvorac
castillo

duga
arco iris

gljiva
champiñón

palma
palmera

moskito
mosquito

muva
mosca

mrav
hormiga

pčela
abeja

pauk
araña

pejsaž - paisaje

buba

escarabajo

žaba

rana

veverica

ardilla

jež

erizo

zec

liebre

sova

lechuza

ptica

pájaro

labud

cisne

divlja svinja

jabalí

jelen

ciervo

los

alce

nasip

presa

vetrenjača

aerogenerador

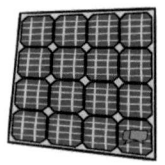

solarna ploča

panel solar

klima

clima

16   **pejsaž - paisaje**

restoran
restaurante

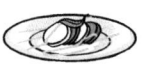

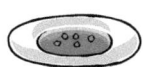

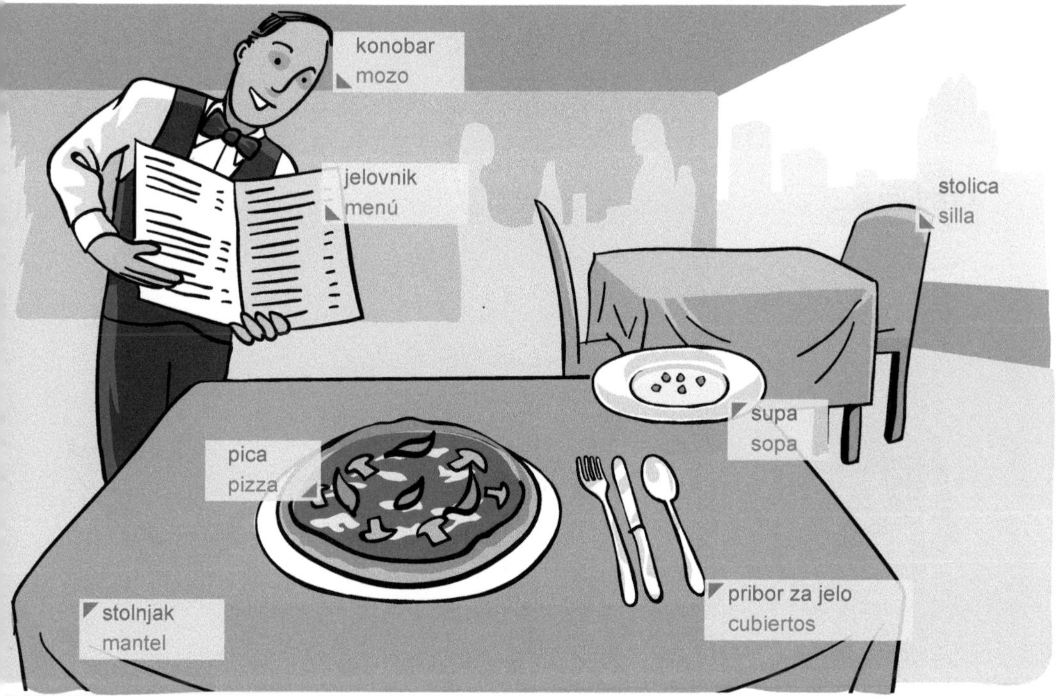

konobar
mozo
jelovnik
menú
stolica
silla
supa
sopa
pica
pizza
pribor za jelo
cubiertos
stolnjak
mantel

predjelo

entrada

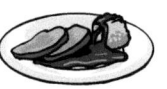

glavno jelo

plato principal

desert

postre

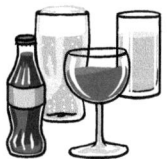

napitci

bebidas

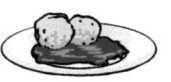

jelo

comida

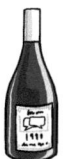

flaša

botella

brza hrana

comida rápida

imbis hrana

comida callejera

čajnik

tetera

doza za šećer

azucarera

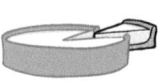

porcija

porción

aparat za espresso

cafetera expreso

visoka stolica

sillita alta

račun

cuenta

poslužavnik

bandeja

nož

cuchillo

viljuška

tenedor

kašika

cuchara

čajna kašika

cucharita

salveta

servilleta

čaša

vaso

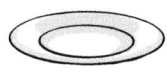

tanjir
plato

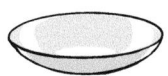

tanjir za supu
plato hondo

tanjirić
plato

sos
salsa

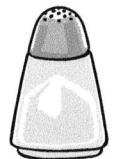

soljenka
salero

mlin za biber
molinillo de pimienta

sirće
vinagre

ulje
aceite

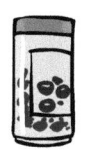

začini
especias

kečap
kétchup

senf
mostaza

majoneza
mayonesa

supermarket
supermercado

ponuda
oferta especial
FOR
kupac
cliente
mlečni proizvodi
lácteos
voće
fruta
kolica za kupovinu
changuito

BUTCHERS

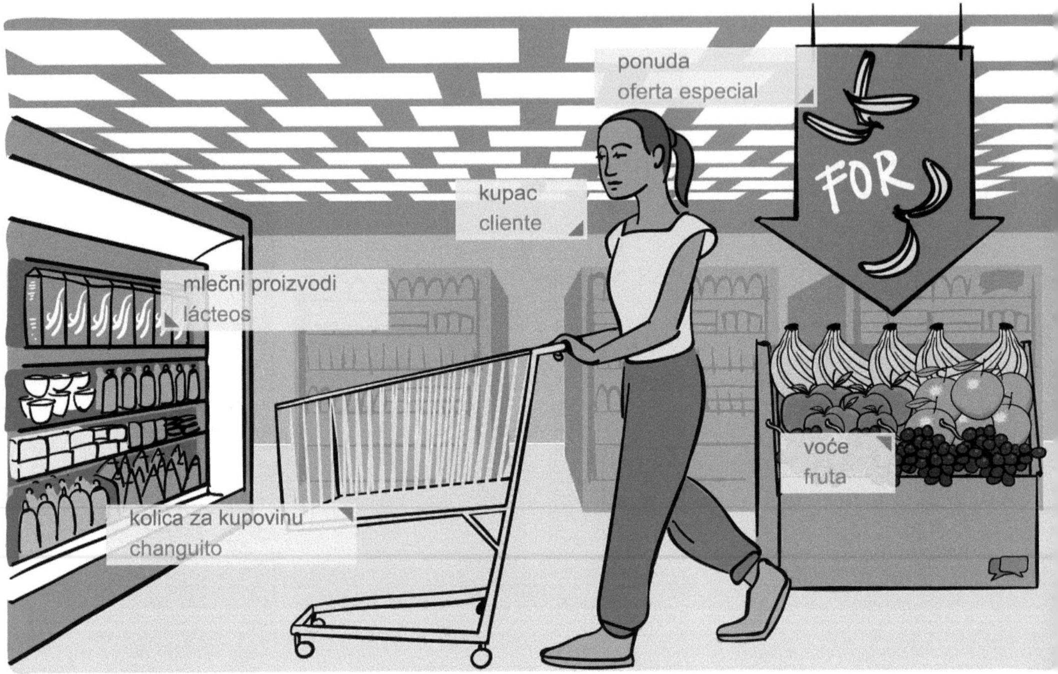

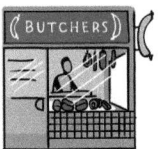

mesnica

carnicería

BAKERY

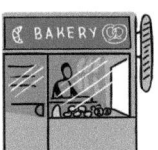

pekara

panadería

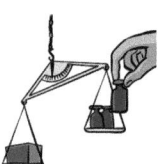

vagati

pesar

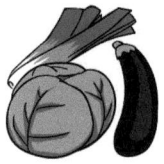

povrće

verduras

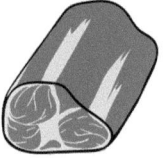

meso

carne

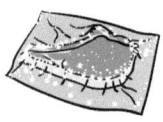

smrznuta hrana

alimentos congelados

narezak
fiambres

konzerve
alimentos enlatados

sredstvo za pranje
detergente en polvo

slatkiši
golosinas

artikli za domaćinstvo
electrodomésticos

sredstva za čišćenje
productos de limpieza

prodavačica
vendedora

blagajna
caja

blagajnik
cajero

lista za kupovinu
lista de compras

vreme rada
horario de atención

novčanik
billetera

kreditna kartica
tarjeta de crédito

torba
cartera

plastična kesa
bolsa de plástico

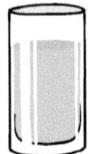

voda
agua

sok
jugo

mleko
leche

kola
bebida cola

vino
vino

pivo
cerveza

alkohol
alcohol

kakao
cacao

čaj
té

kava
café

espresso
café expreso

cappuccino
cappuccino

banana

banana

jabuka

manzana

narandža

naranja

lubenica

melón

limun

limón

šargarepa

zanahoria

beli luk

ajo

bambus

bambú

luk

cebolla

gljiva

champiñón

orašasti plodovi

nueces

rezanci

fideos

špagete

tallarines

riža

arroz

salata

ensalada

pomfrit

papas fritas

pečeni krumpir

papas fritas

pica

pizza

hamburger

hamburguesa

sendvič

sándwich

šnicla

churrasco

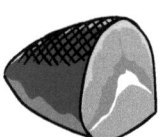

šunka

jamón

salama

salame

kobasica

salchicha

kokoš

pollo

pečenje

asado

riba

pescado

zobene pahuljice

copos de avena

musli

muesli

kukuruzne pahuljice

copos de maíz

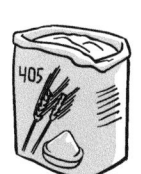

brašno

harina

kroasan

medialuna

pecivo

pancito

hleb

pan

toast

tostada

keksi

galletitas

maslac

manteca

sveži sir

cuajada

kolač

torta

jaje

huevo

jaje na oko

huevo frito

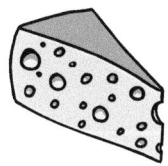

sir

queso

jelo - comida

sladoled
helado

šećer
azúcar

med
miel

marmelada
mermelada

nugat krema
pasta de chocolate

kari
curry

seosko gazdinstvo

granja

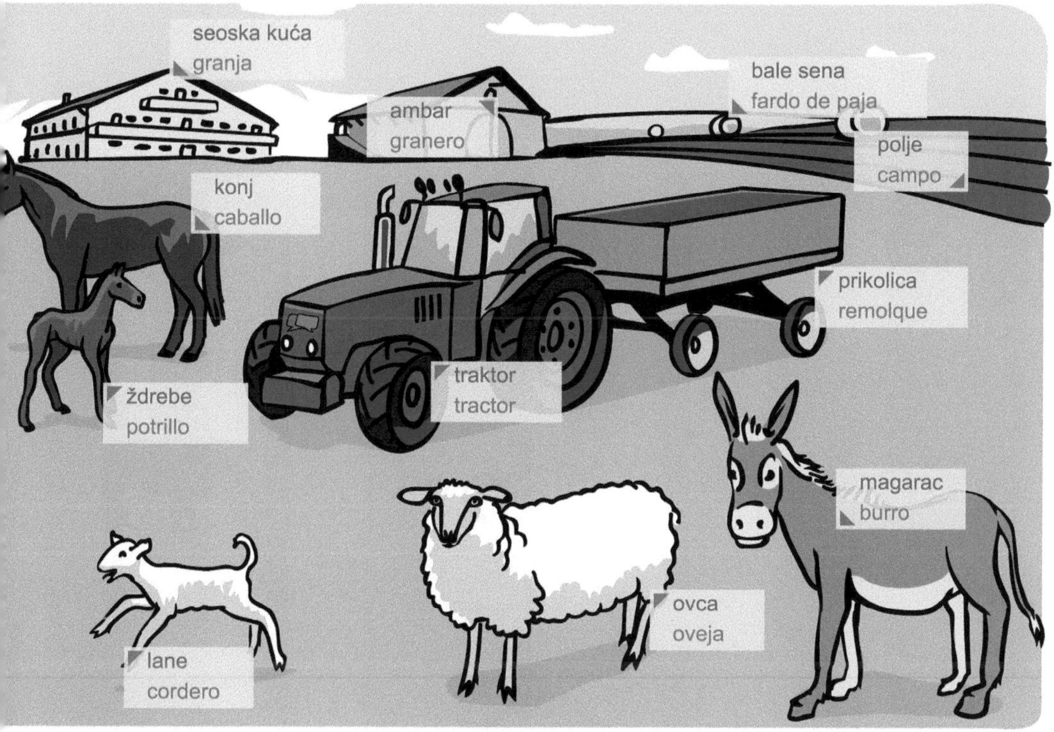
seoska kuća
granja
ambar
granero
bale sena
fardo de paja
polje
campo
konj
caballo
prikolica
remolque
traktor
tractor
ždrebe
potrillo
magarac
burro
ovca
oveja
lane
cordero

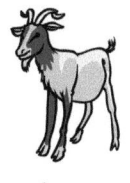

koza

cabra

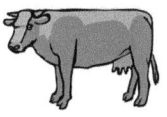

krava

vaca

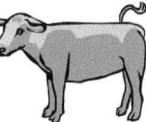

tele

ternero

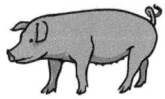

svinja

cerdo

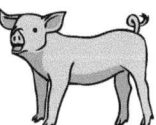

prase

lechón

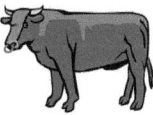

bik

toro

guska

ganso

patka

pato

pilići

pollo

kokoš

gallina

petao

gallo

pacov

rata

mačka

gato

miš

ratón

vol

buey

pas

perro

kućica za psa

cucha

vrtno crevo

manguera

kanta za polivanje

regadera

kosa

guadaña

plug

arado

srp
hoz

motika
azada

viljuška za đubrivo
horquilla

sekira
hacha

tačke
carretilla

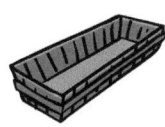

korito
abrevadero

posuda za mleko
lechera

vreća
bolsa

ograda
reja

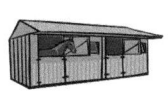

štala
establo

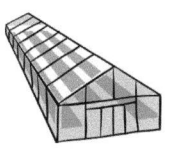

staklenik
invernadero

zemlja
suelo

seme
semilla

đubrivo
fertilizador

kombajn
cosechadora

žeti
cosechar

žetva
cosecha

jams začin
batatas

pšenica
trigo

soja
soja

krumpir
papa

kukuruz
maíz

uljana repica
semilla de colza

voćka
árbol frutal

gomolj manioke
mandioca

žitarice
cereales

kuća
casa

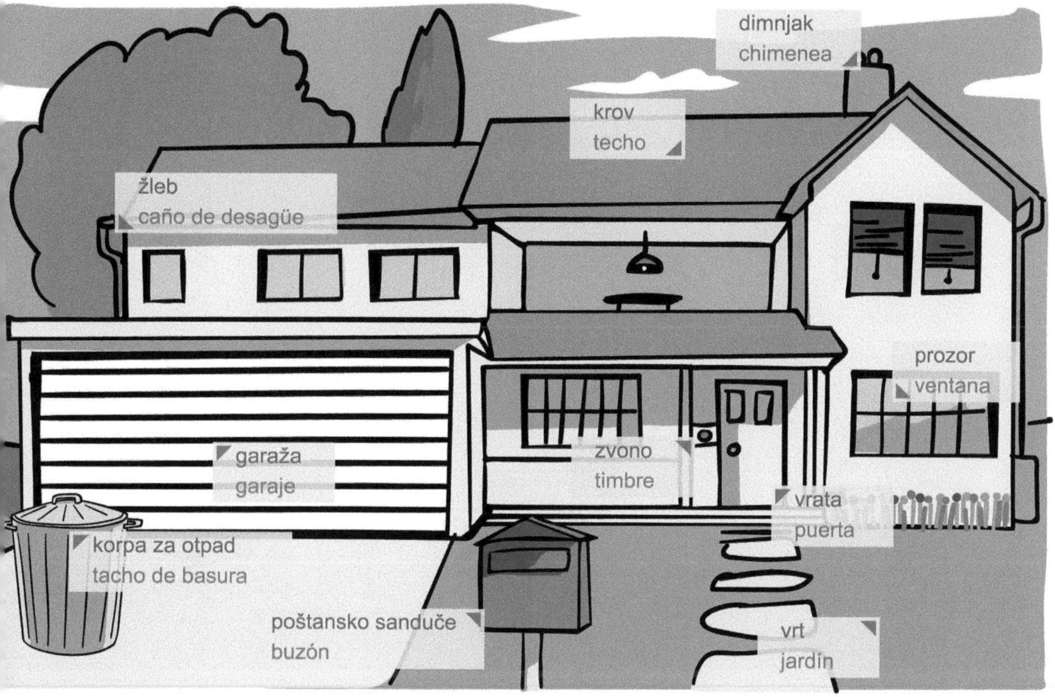
dimnjak
chimenea
krov
techo
žleb
caño de desagüe
prozor
ventana
garaža
garaje
zvono
timbre
vrata
puerta
korpa za otpad
tacho de basura
poštansko sandučе
buzón
vrt
jardín

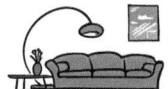

dnevna soba

living

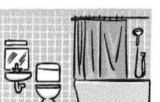

kupaonica

baño

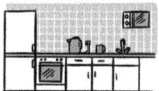

kuhinja

cocina

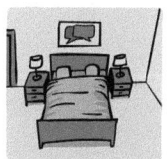

spavaća soba

dormitorio

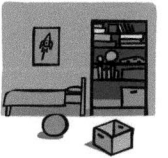

dečija soba

cuarto de los chicos

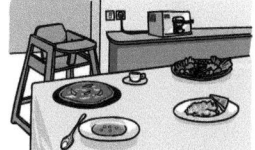

trpezarija

comedor

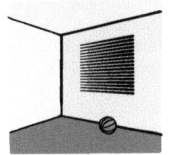

pod

piso

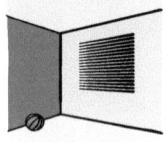

zid

pared

strop

cielorraso

podrum

sótano

sauna

sauna

balkon

balcón

terasa

terraza

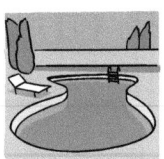

bazen

pileta

kosilica za travu

cortadora de pasto

posteljina za krevet

sábana

deka za krevet

acolchado

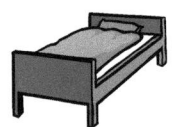

krevet

cama

metla

escoba

kanta

balde

prekidač

interruptor

dnevna soba

living

tapeta
empapelado
slika
imagen
svetiljka
lámpara
regal
estante
ormar
armario
televizija
televisión
kamin
chimenea
cvijet
flor
jastuk
almohadón
kauč
sofá
vaza
florero
daljinski upravljač
control remoto

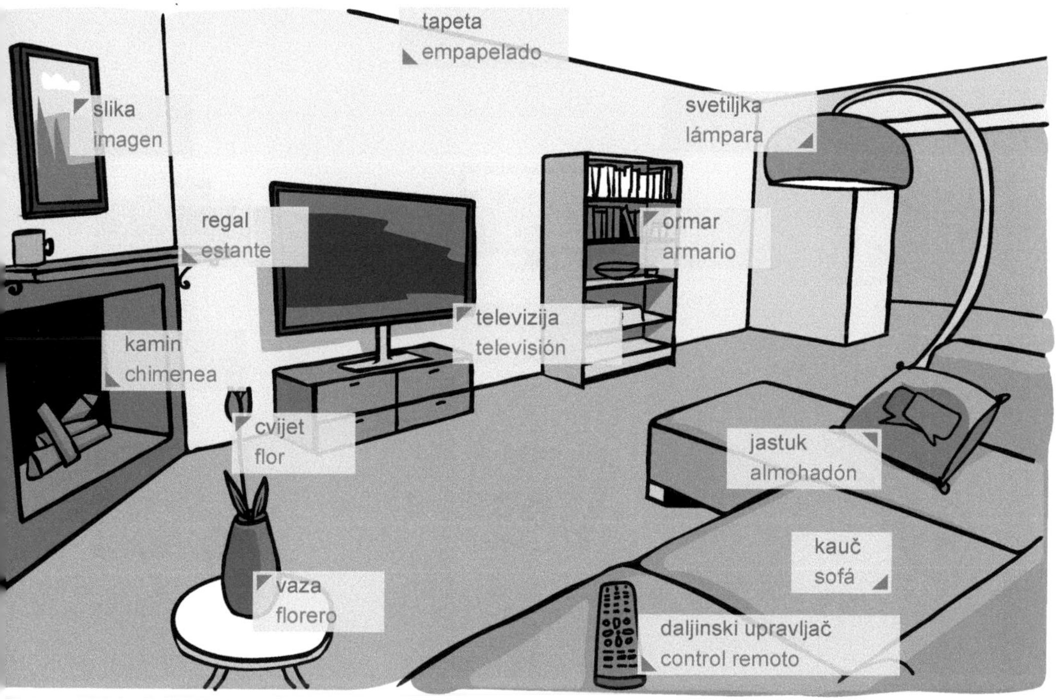

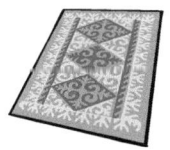

tepih

alfombra

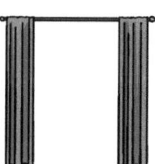

zavesa

cortina

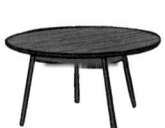

sto

mesa

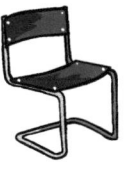

stolica

silla

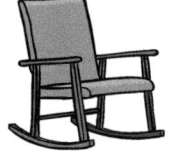

stolica za njihanje

mecedora

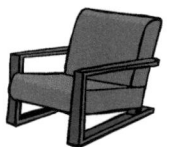

fotelja

sillón

knjiga

libro

deka

frazada

dekoracija

decoración

drvo za ogrev

leña

film

película

hi-fi uređaj

equipo de música

ključ

llave

novine

diario

slika na platnu

pintura

poster

póster

radio

radio

blok za pisanje

cuaderno

usisivač

aspiradora

kaktus

cactus

sveća

vela

kuhinja
cocina

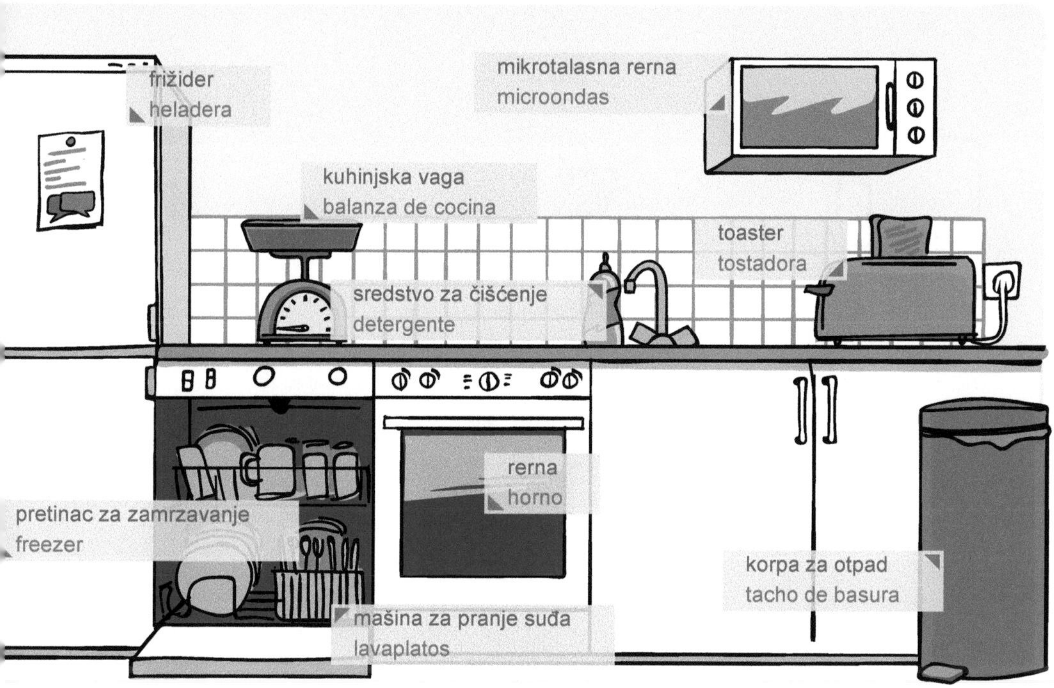
frižider
heladera
mikrotalasna rerna
microondas
kuhinjska vaga
balanza de cocina
toaster
tostadora
sredstvo za čišćenje
detergente
rerna
horno
pretinac za zamrzavanje
freezer
korpa za otpad
tacho de basura
mašina za pranje suđa
lavaplatos

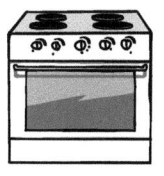

šporet

cocina

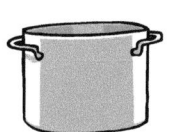

lonac

olla

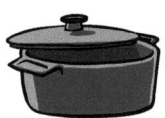

gvozdeni lonac

olla de hierro fundido

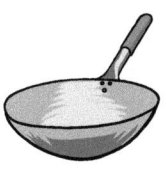

wok / kadai

wok

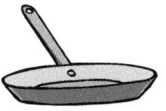

tava

sartén

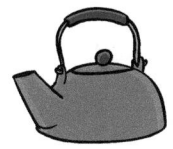

kuvalo za vodu

pava

kuvalo na paru

vaporera

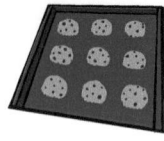

lim za pečenje

bandeja de horno

posuđe

vajilla

čaša

taza

posuda

bol

štapići za jelo

palitos

kutlača

cucharón

lopatica

estpátula

penjača

batidora

sito za kuvanje

colador

sito

colador

ribež

rallador

mužar

mortero

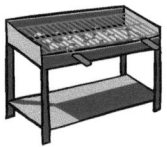

roštilj

parrilla

ognjište

fogata

daska

tabla de picar

oklagija

palo de amasar

vadičep

sacacorchos

konzerva

lata

otvarač konzervi

abrelatas

krpa za lonac

manopla

sudoper

pileta

četka

cepillo

sunđer

esponja

mikser

batidora

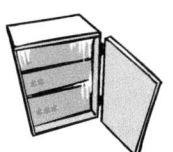

zamrzivač

congelador

flašica za bebe

mamadera

slavina za vodu

canilla

kupaonica
baño

tuš
ducha
grejanje
calefacción
peškir
toalla
zavesa za tuš
cortina de ducha
penušava kupka
baño de espuma
kada
bañadera
čaša
vaso
mašina za pranje veša
lavarropas
slavina za vodu
canilla
pločice
baldosas
tuta
pelela
sudoper
pileta

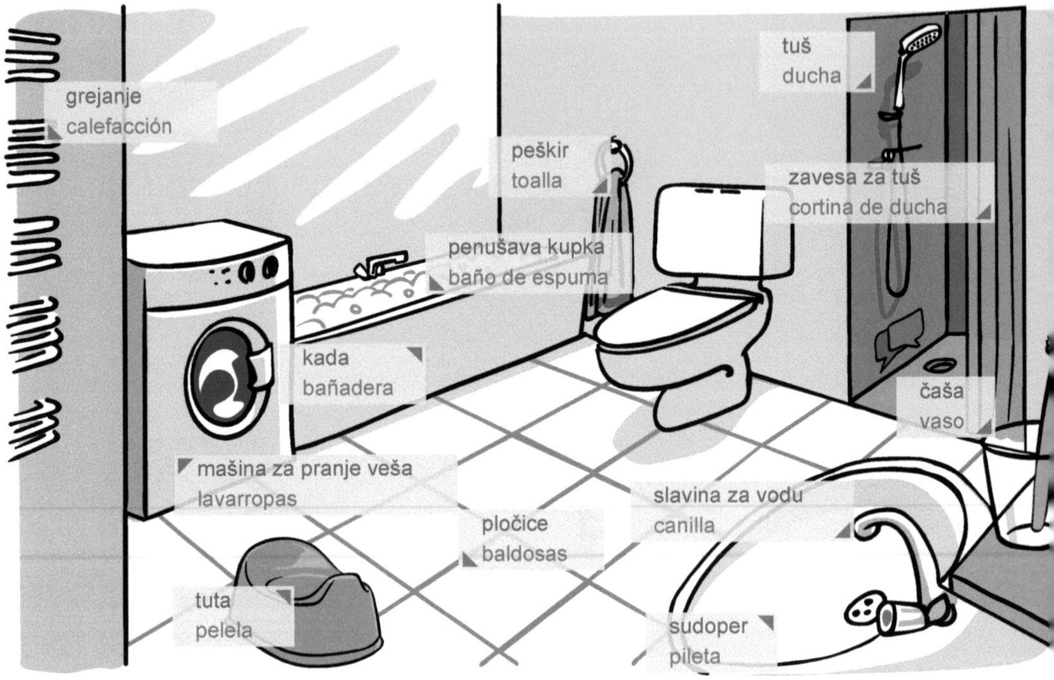

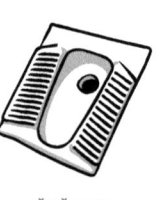

toalet
inodoro

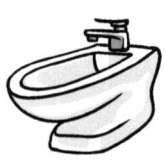

čučavac
letrina

bidet
bidé

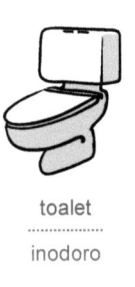

pisoar
mingitorio

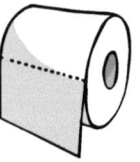

toaletni papir
papel higiénico

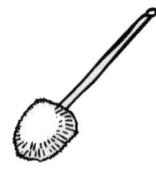

četka za toalet
cepillo para el inodoro

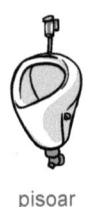

četkica za zube

cepillo de dientes

pasta za zube

dentífrico

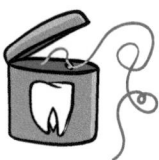

konac za zube

hilo dental

prati

lavar

tuš ručica

ducha de mano

tuš za pranje intimnih delova

ducha higiénica

lavor

palangana

četka za pranje leđa

cepillo para espalda

sapun

jabón

gel za tuširanje

gel de ducha

šampon

shampoo

krpa za pranje

toallita

odvod

desagüe

krema

crema

dezodorans

desodorante

ogledalo

espejo

kozmetičko ogledalo

espejito

brijač

maquinita de afeitar

pena za brijanje

espuma de afeitar

losion za posle brijanja

aftershave

češalj

peine

četka

cepillo

fen za kosu

secador de pelo

sprej za kosu

spray

makeup

maquillaje

ruž za usne

lápiz de labios

lak za nokte

esmalte para uñas

vata

algodón

makaze za nokte

tijera para uñas

parfem

perfume

kozmetička torbica

portacosméticos

stolica

banqueta

vaga

balanza

ogrtač

bata

rukavice za čišćenje

guantes de goma

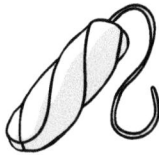

tampon

tampón

uložak

toallita femenina

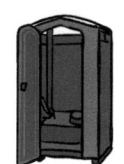

hemijski toalet

baño químico

dečija soba
cuarto de los chicos

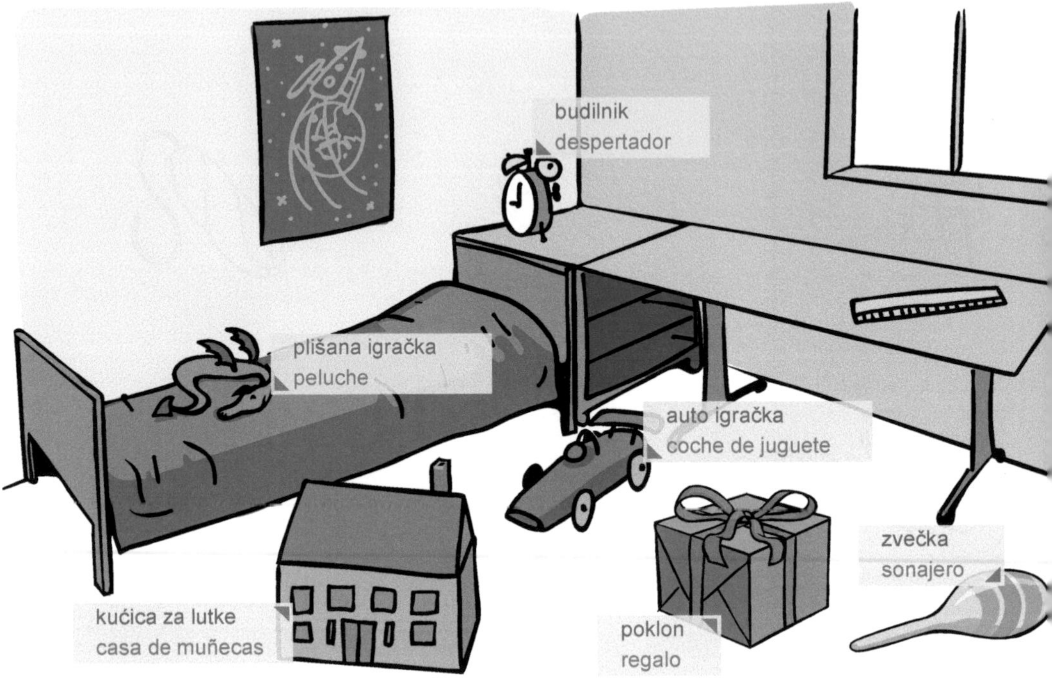
budilnik
despertador
plišana igračka
peluche
auto igračka
coche de juguete
zvečka
sonajero
kućica za lutke
casa de muñecas
poklon
regalo

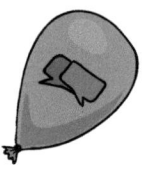

balon
globo

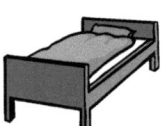

krevet
cama

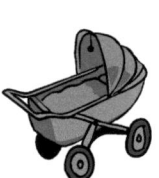

dječija kolica
cochecito

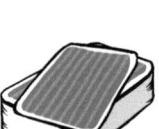

igra s kartama
cartas

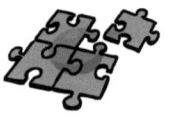

slagalica
rompecabezas

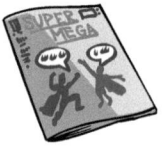

strip
historieta

lego kockice

piezas de lego

kockice za slaganje

ladrillos de juguete

akcioni junak

figura de acción

benkica za bebe

enterito (de bebé)

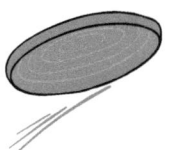

frizbi

frisbee

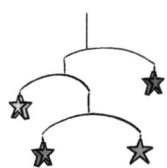

viseće igračke

móvil para bebés

društvene igre

juego de mesa

kocka

dados

minijaturna željeznica

tren eléctrico

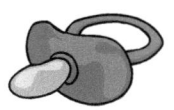

duda

chupete

zabava

fiesta

slikovnica

libro de cuentos ilustrado

lopta

pelota

lutka

muñeca

igrati

jugar

pješčanik

arenero

ljuljačka

hamaca

igračka

juguetes

konzola za igre

consola de videojuegos

tricikl

triciclo

tedi

osito de peluche

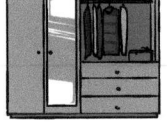

ormar

armario

odeća

ropa

kratke čarape

medias

čarape

medias panty

hulahopke

calzas

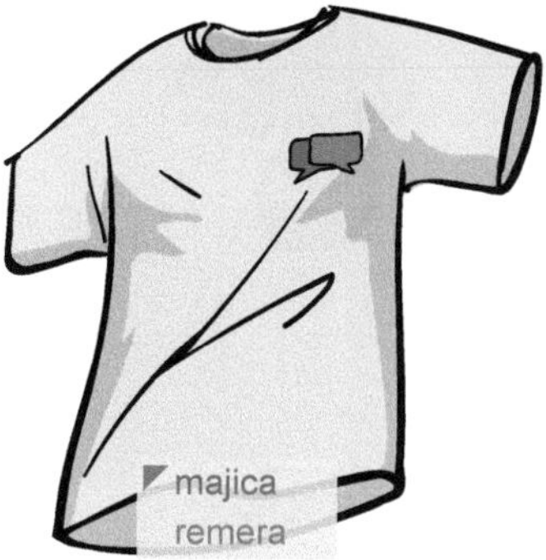

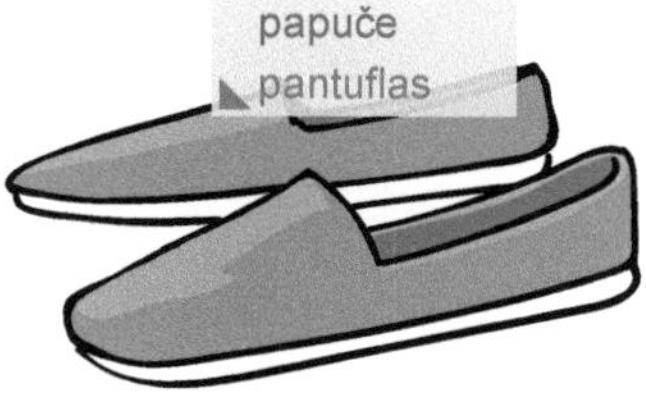

šal
bufanda

kaiš
cinturón

kišobran
paraguas

majica
remera

čizme
botas

papuče
pantuflas

patike
zapatillas

sandale
....
sandalias

cipele
....
zapatos

gumene čizme
....
botas de goma

gaćice
....
ropa interior

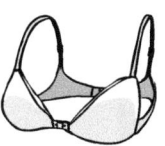

grudnjak
....
corpiño

potkošulja
....
chaleco

bodi
body

pantalone
pantalones

farmerke
jeans

suknja
pollera

bluza
blusa

košulja
camisa

džemper
pulóver

džemper s kapuljačom
buzo

sako
blazer

jakna
campera

kaput
tapado

kabanica
piloto

kostim
traje

haljina
vestido

venčanica
vestido de novia

odelo

traje

spavaćica

camisón

pidžama

pijama

sari

sari

marama za glavu

pañuelo para cabeza

turban

turbante

burka

burka

kaftan

caftán

abaja

abaya

kupaći kostim

traje de baño

kupaće gaćice

short de baño

kratke pantalone

shorts

odeća za trening

jogging

kecelja

delantal

rukavice

guantes

dugme

botón

naočare

anteojos

narukvica

pulsera

ogrlica

collar

prsten

anillo

naušnica

aro

kapa

gorra

vešalica

percha

šešir

sombrero

kravata

corbata

patent zatvarač

cierre

kaciga

casco

naramenice

tiradores

školska uniforma

uniforme escolar

uniforma

uniforme

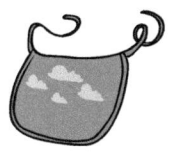

podbradak

babero

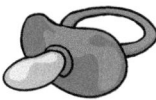

duda

chupete

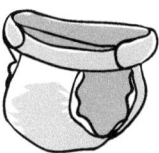

pelena

pañal

kancelarija
oficina

server
servidor
ormar za spise
archivero
štampač
impresora
papir
papel
monitor
monitor
miš
mouse
pisaći stol
escritorio
mapa
carpeta
tastatura
teclado
košara za papir
tacho (de basura)
kompjuter
computadora
stolica
silla

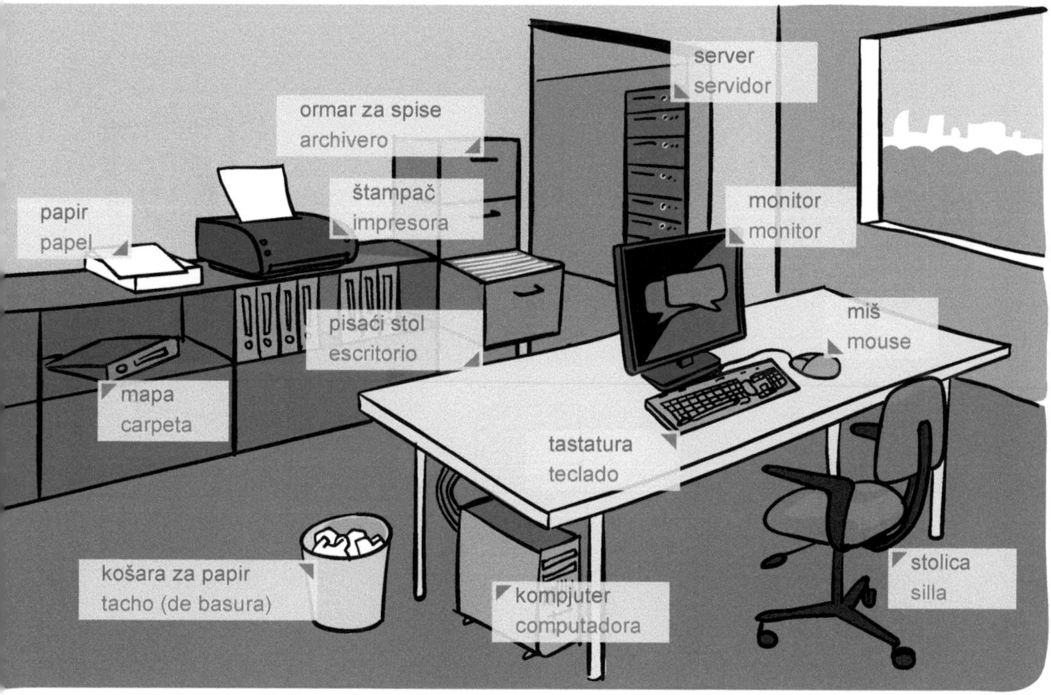

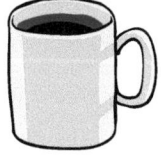

šalica za kavu

taza de café

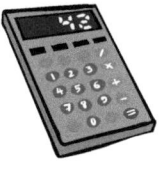

kalkulator

calculadora

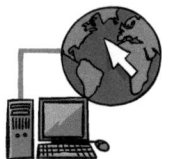

internet

internet

laptop
laptop

pismo
carta

poruka
mensaje

mobilni telefon
celular

mreža
red

uređaj za kopiranje
fotocopiadora

softver
software

telefon
teléfono

utičnica
tomacorriente

faks
fax

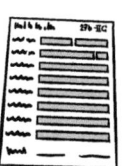

formular
formulario

dokument
documento

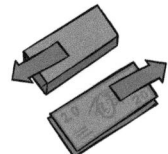

kupovati

comprar

platiti

pagar

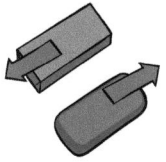

trgovati

hacer negocios

novac

dinero

dolar

dólar

evro

euro

jen

yen

rublja

rublo

švajcarski franak

franco suizo

renmindbi juan

yuan

rupija

rupia

automat za novac

cajero automático

menjačnica

casa de cambio

zlato

oro

srebro

plata

nafta

petróleo

energija

energía

cena

precio

ugovor

contrato

porez

impuesto

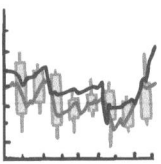

deonica

acción

raditi

trabajar

službenik

empleado

poslodavac

empleador

fabrika

fábrica

prodavnica

negocio

zanimanja
ocupaciones

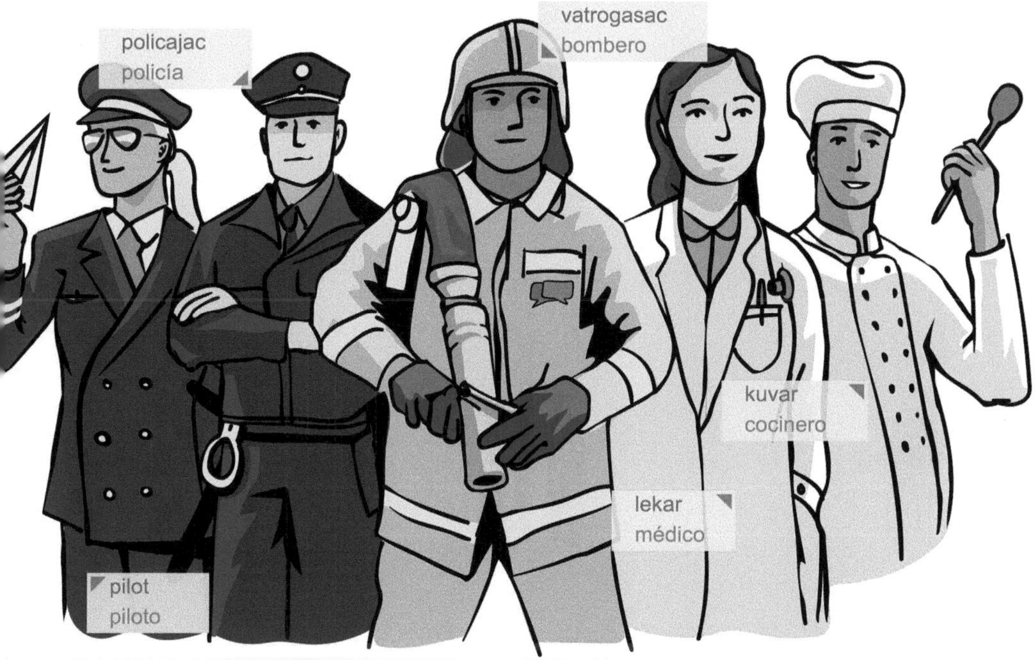
policajac
policía
vatrogasac
bombero
kuvar
cocinero
lekar
médico
pilot
piloto

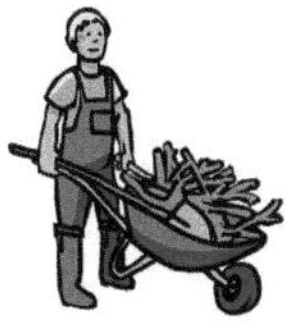

vrtlar

jardinero

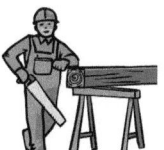

stolar

carpintero

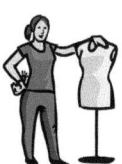

krojačica

modista

sudija

juez

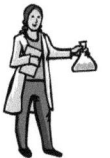

hemičar

farmacéutico

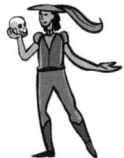

glumac

actor

vozač autobusa

colectivero

vozač taksija

taxista

ribar

pescador

čistačica

mucama

krovopokrivač

techista

konobar

mozo

lovac

cazador

slikar

pintor

pekar

panadero

električar

electricista

građevinski radnik

albañil

inženjer

ingeniero

mesar

carnicero

limar

plomero

poštar

cartero

vojnik

soldado

arhitekta

arquitecto

blagajnik

cajero

cvećar

florista

frizer

peluquero

kondukter

cobrador

mehaničar

mecánico

kapetan

capitán

zubar

dentista

naučnik

científico

rabi

rabino

imam

imán

monah

monje

svećenik

sacerdote

alati
herramientas

čekić
martillo
klešta
tenaza
odvijač
destornillador
ključ za zavrtnje
llave
džepna lampa
linterna

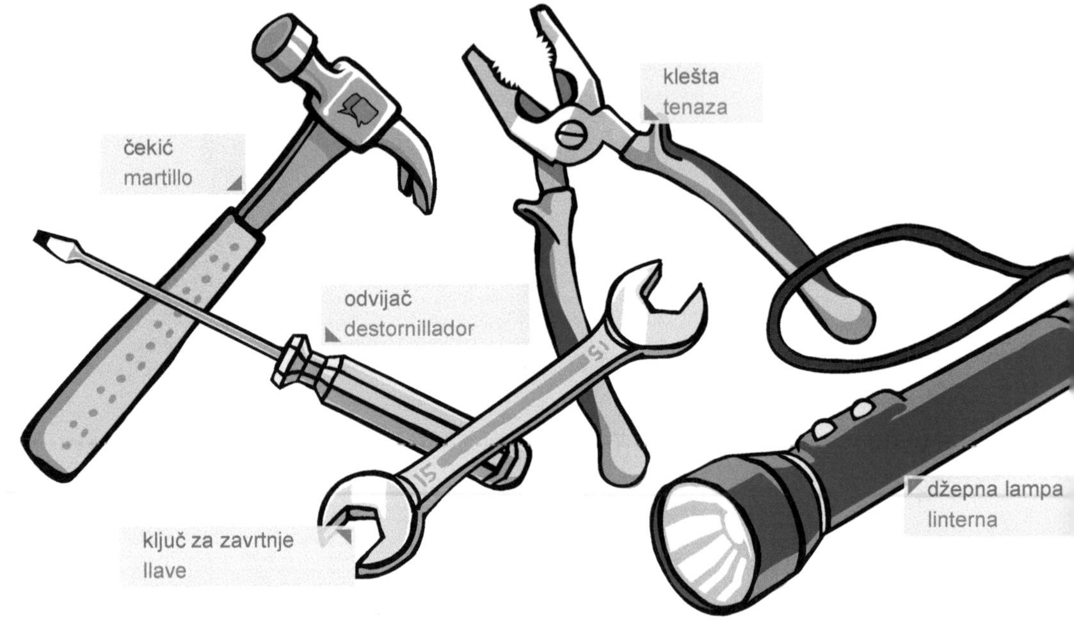

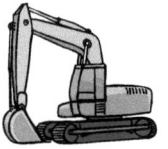

bager
excavadora

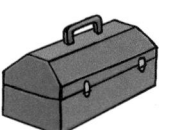

kutija za alat
caja de herramientas

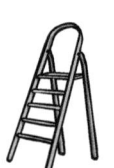

merdevine
escalera portátil

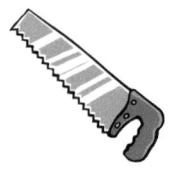

pila
sierra

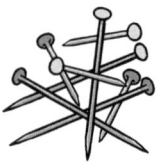

ekser
clavos

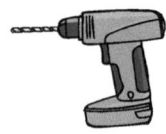

bušilica
taladro

popraviti

arreglar

lopata

pala de jardín

do đavola!

¡Qué bronca!

lopatica

pala de plástico

lonac za boju

tacho de pintura

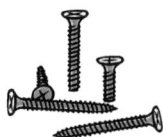

zavrtanji

tornillos

muzički instrument
instrumentos musicales

zvučnik
parlante

bubnjevi
batería

kontrabas
contrabajo

truba
trompeta

gitara
guitarra

klavir

piano

violina

violín

bas

bajo

timpani

timbales

udaraljke za bubnjeve

tambor

tipke klavira

teclado

saksofon

saxofón

flauta

flauta

mikrofon

micrófono

muzički instrument - instrumentos musicales

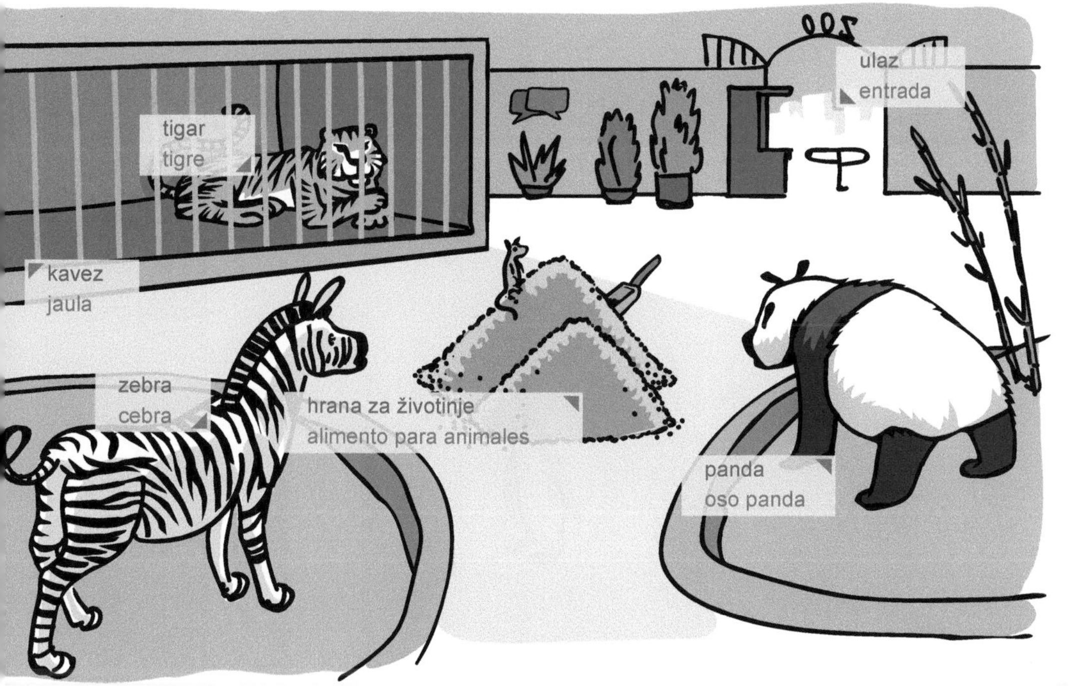

tigar
tigre

ulaz
entrada

kavez
jaula

zebra
cebra

hrana za životinje
alimento para animales

panda
oso panda

životinje

animales

slon

elefante

kengur

canguro

nosorog

rinoceronte

gorila

gorila

medved

oso

kamila

camello

noj

avestruz

lav

león

majmun

mono

flamingo

flamenco

papagaj

loro

polarni medved

oso polar

pingvin

pingüino

ajkula

tiburón

paun

pavo real

zmija

serpiente

krokodil

cocodrilo

čuvar u zoološkom vrtu

cuidador del zoológico

tuljan

foca

jaguar

jaguar

zoološki vrt - zoológico

poni
poni

leopard
leopardo

nilski konj
hipopótamo

žirafa
jirafa

orao
águila

divlja svinja
jabalí

riba
pescado

kornjača
tortuga

morž
morsa

lisica
zorro

gazela
gacela

američki nogomet
fútbol americano

biciklizam
ciclismo

tenis
tenis

košarka
básquet

plivanje
natación

boks
boxeo

hokej na ledu
hockey sobre hielo

fudbal
fútbol

badminton
bádminton

atletika
atletismo

rukomet
handball

skijanje
esquí

polo
polo

aktivnosti
actividades

skočiti
saltar
zagrliti
abrazar
smejati se
reír
ići
caminar
pevati
cantar
sanjati
soñar
moliti se
rezar
poljubiti
besar

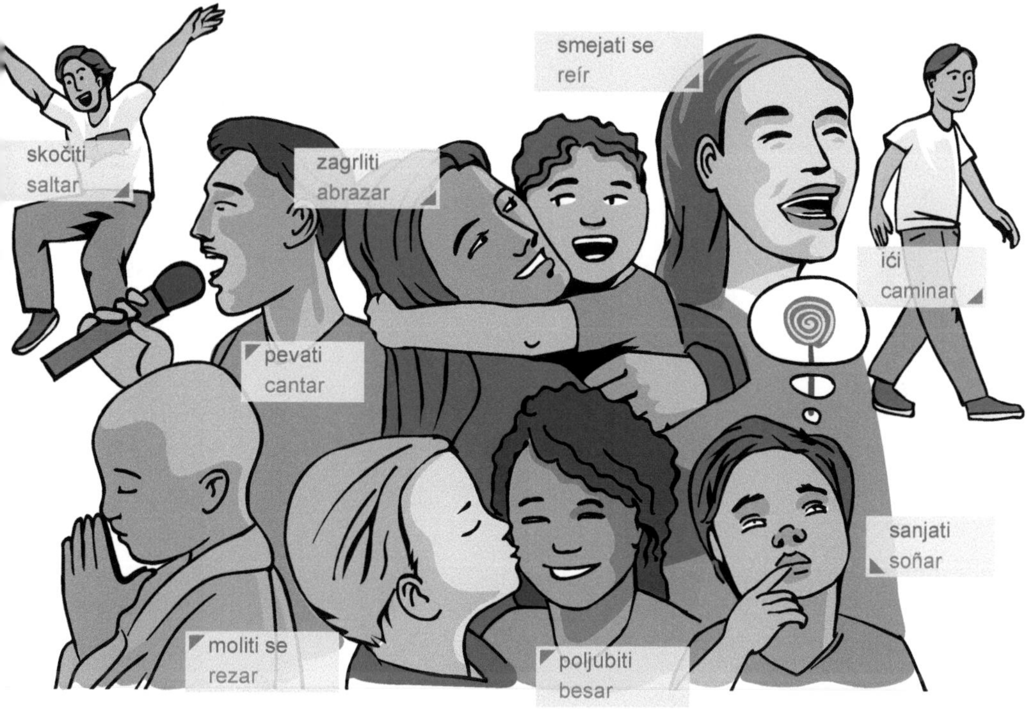

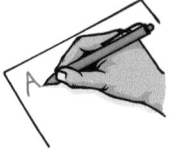

pisati

escribir

crtati

dibujar

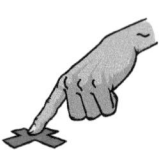

pokazati

mostrar

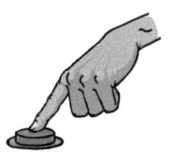

gurati

presionar

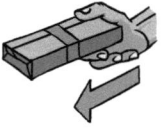

dati

dar

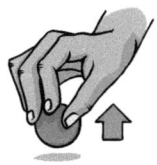

uzeti

tomar

imati

tener

činiti

hacer

biti

ser

stojati

estar parado

trčati

correr

povlačiti

tirar

baciti

tirar

padati

caer

ležati

estar acostado

čekati

esperar

nositi

llevar

sediti

estar sentado

oblačiti

vestirse

spavati

dormir

ležati...

probuditi se

despertar

gledati

mirar

plakati

llorar

milovati

acariciar

češljati

peinar

govoriti

hablar

razumeti

entender

pitati

preguntar

slušati

escuchar

piti

beber

jesti

comer

pospremiti

ordenar

voleti

amar

kuhati

cocinar

voziti

manejar

leteti

volar

ploviti

navegar

računati

calcular

čitati

leer

učiti

aprender

raditi

trabajar

venčati se

casarse

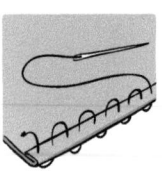

šiti

coser

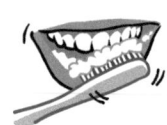

prati zube

cepillarse los dientes

ubiti

matar

pušiti

fumar

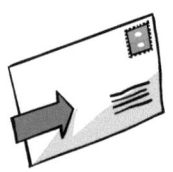

poslati

enviar

porodica
familia

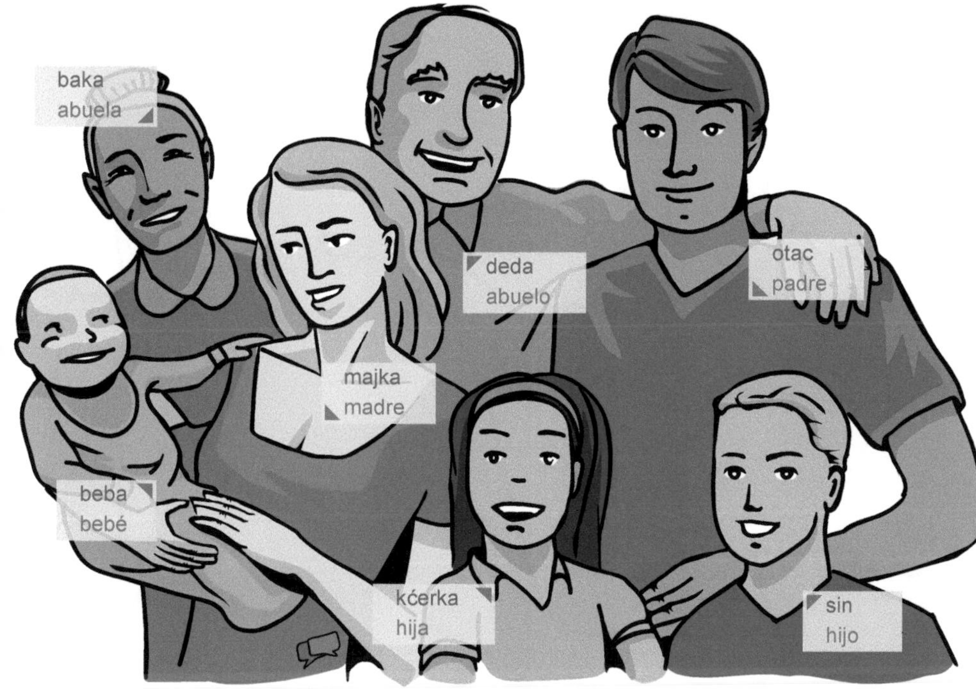
baka
abuela
deda
abuelo
otac
padre
majka
madre
beba
bebé
kćerka
hija
sin
hijo

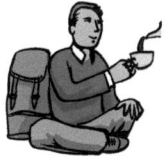

gost
invitado

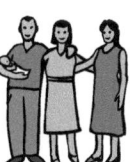

tetka
tía

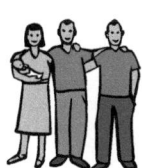

ujak, stric
tío

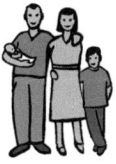

brat
hermano

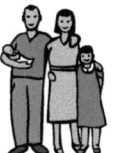

sestra
hermana

telo

cuerpo

čelo
frente
oko
ojo
rame
hombro
prst
dedo
lice
cara
brada
pera
ruka
mano
noga
pierna
grudi
pecho
ruka
brazo

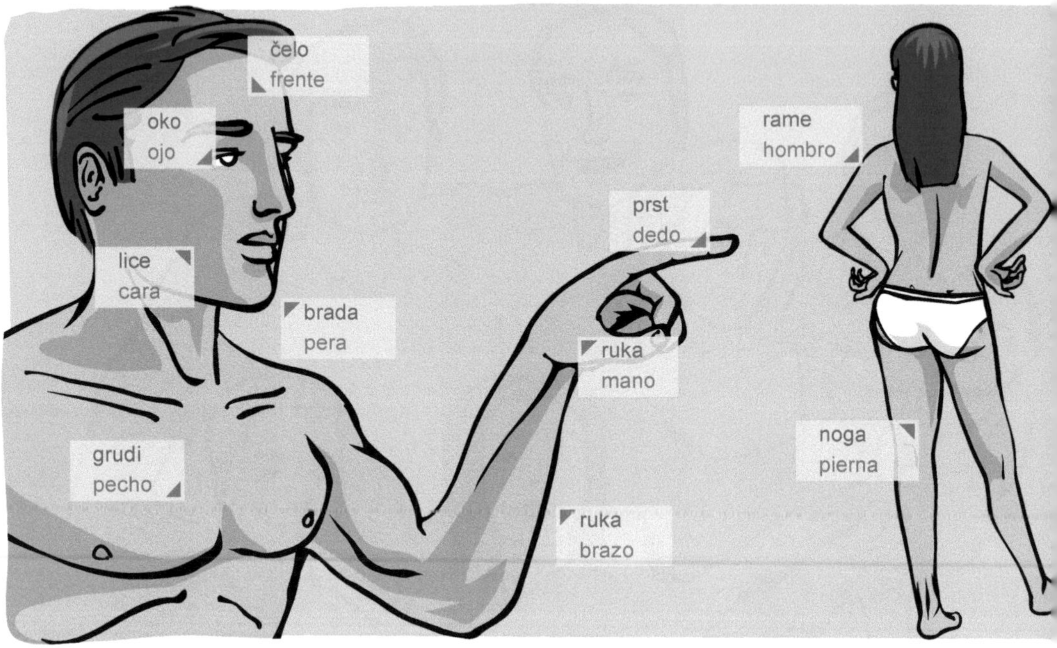

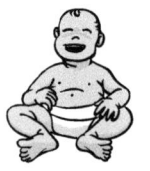

beba

bebé

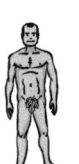

muškarac

hombre

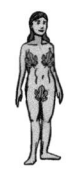

žena

mujer

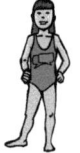

devojčica

nena

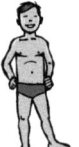

dečak

nene

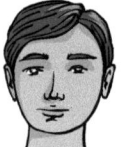

glava

cabeza

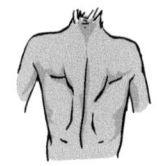

leđa
espalda

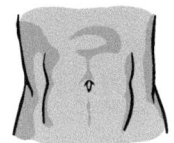

stomak
panza

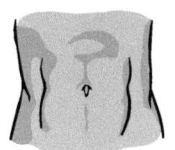

pupak
ombligo

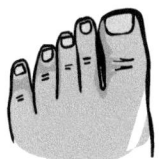

nožni prst
dedo del pie

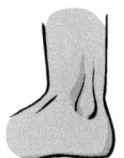

peta
talón

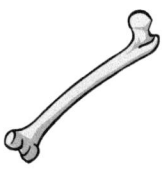

kost
hueso

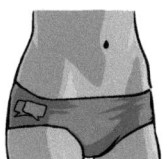

kukovi
cadera

koleno
rodilla

lakat
codo

nos
nariz

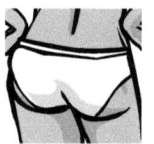

zadnjica
cola

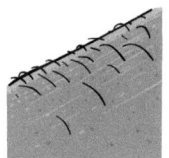

koža
piel

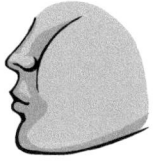

obraz
cachete

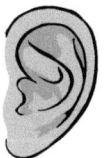

uvo
oreja

usna
labio

usta
boca

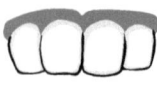

zub
diente

jezik
lengua

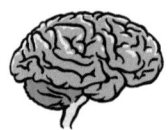

mozak
cerebro

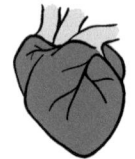

srce
corazón

mišić
músculo

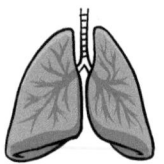

pluća
pulmón

jetra
hígado

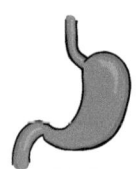

želudac
estómago

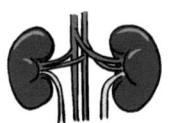

bubrezi
riñones

polni odnos
sexo

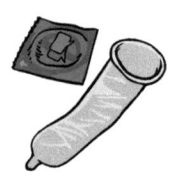

kondom
preservativo

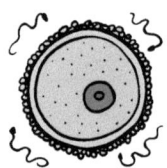

jajna ćelija
óvulo

sperma
semen

trudnoća
embarazo

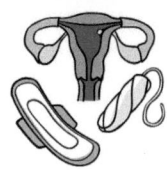

menstruacija
....
menstruación

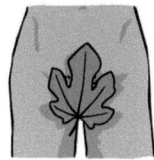

vagina
....
vagina

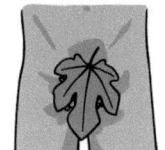

penis
....
pene

obrva
....
ceja

kosa
....
pelo

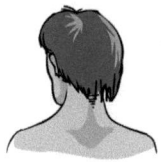

vrat
....
cuello

telo - cuerpo

bolnica
hospital

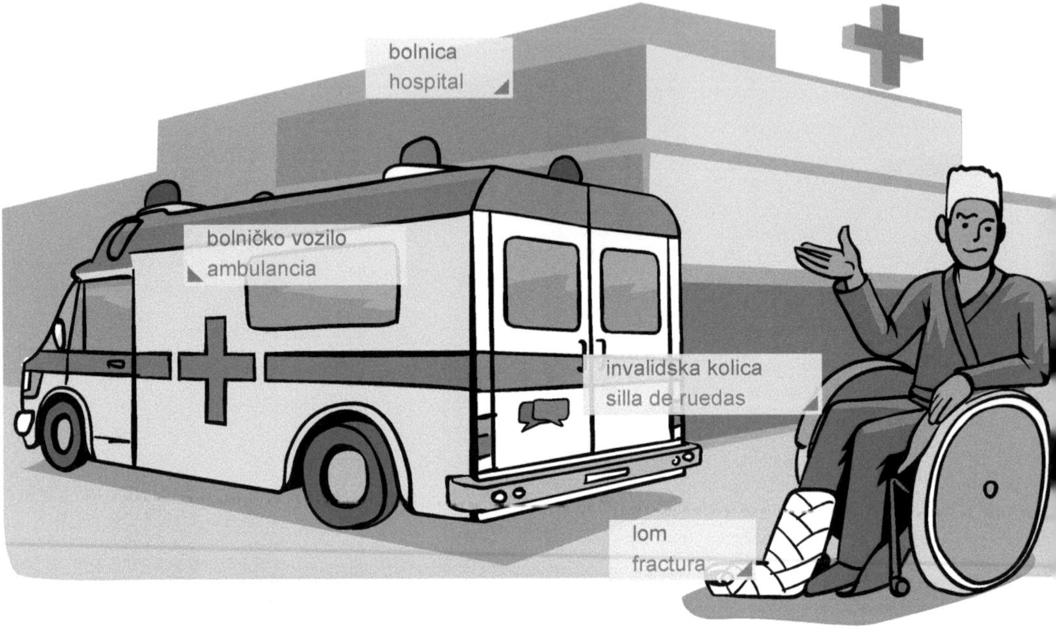

bolnica
hospital
bolničko vozilo
ambulancia
invalidska kolica
silla de ruedas
lom
fractura

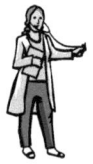

lekar
médico

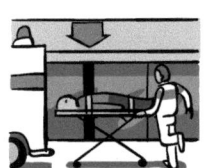

hitna medicinska služba
sala de guardia

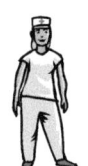

medicinska sestra
enfermera

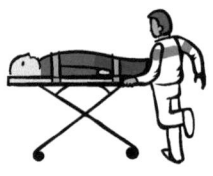

hitni slučaj
emergencia

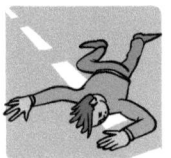

nesvest
inconsciente

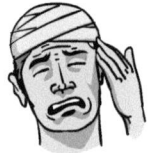

bol
dolor

povreda

lesión

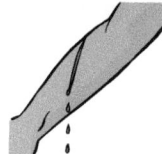

krvarenje

hemorragia

srčani udar

infarto

udar

ACV

alergija

alergia

kašalj

tos

groznica

fiebre

gripa

gripe

proliv

diarrea

glavobolja

dolor de cabeza

rak

cáncer

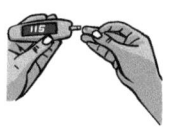

dijabetes

diabetes

hirurg

cirujano

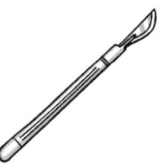

skalpel

bisturí

operacija

operación

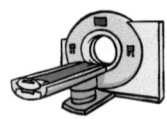

ct
TC

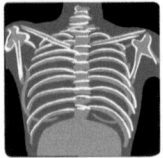

rentgen
rayos x

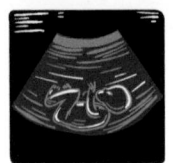

ultrazvuk
ecografía

maska
barbijo

bolest
enfermedad

čekaona
sala de espera

štaka
muleta

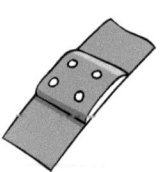

flaster
curita

zavoj
venda

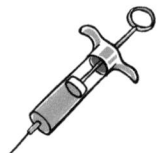

injekcija
inyección

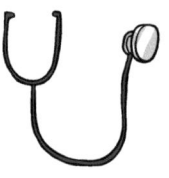

stetoskop
estetoscopio

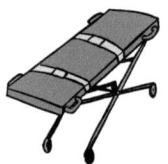

nosila
camilla

termometar
termómetro

rođenje
nacimiento

prekomerna težina
sobrepeso

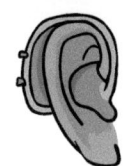

slušni aparat

audífono

sredstvo za dezinfekciju

desinfectante

infekcija

infección

virus

virus

HIV / AIDS

VIH / SIDA

medicina

remedio

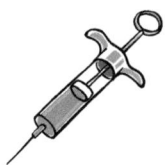

vakcinacija

vacunación

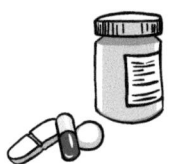

tablete

comprimidos

pilula

pastilla anticonceptiva

hitni poziv

lamada de emergencia

uređaj za merenje pritiska

tensiómetro

bolesno / zdravo

enfermo / sano

pomoć!

¡Ayuda!

alarm

alarma

nasrtaj

agresión

napad

ataque

opasnost

peligro

izlaz u slučaju nužde

salida de emergencia

požar!

¡Fuego!

protivpožarni aparat

matafuego

nezgoda

accidente

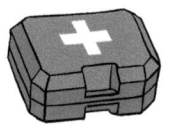

kutija prve pomoći

botiquín de primeros auxilios

sos

SOS

policija

policía

Evropa

Europa

Severna Amerika

América del Norte

Južna Amerika

América del Sur

Afrika

África

Azija

Asia

Australija

Australia

Atlantik

Atlántico

Pacifik

Pacífico

Indijski okean

Océano Índico

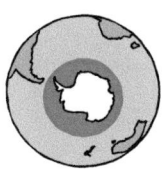

Antarktički okean

Océano Antártico

Arktički ocean

Océano Ártico

Severni pol

polo norte

Južni pol
polo sur

Antarktik
Antártida

zemlja
Tierra

zemlja
tierra

more
mar

otok
isla

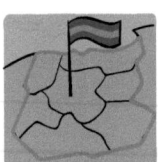

nacija
nación

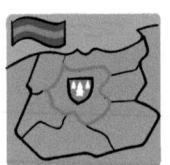

država
estado

brojčanik sata

esfera

satna kazaljka

manecilla de las horas

minutna kazaljka

minutero

sekundna kazaljka

segundero

Koliko je sati?

¿Qué hora es?

dan

día

vreme

hora

sada

ahora

digitalni sat

reloj digital

minuta

minuto

čas

hora

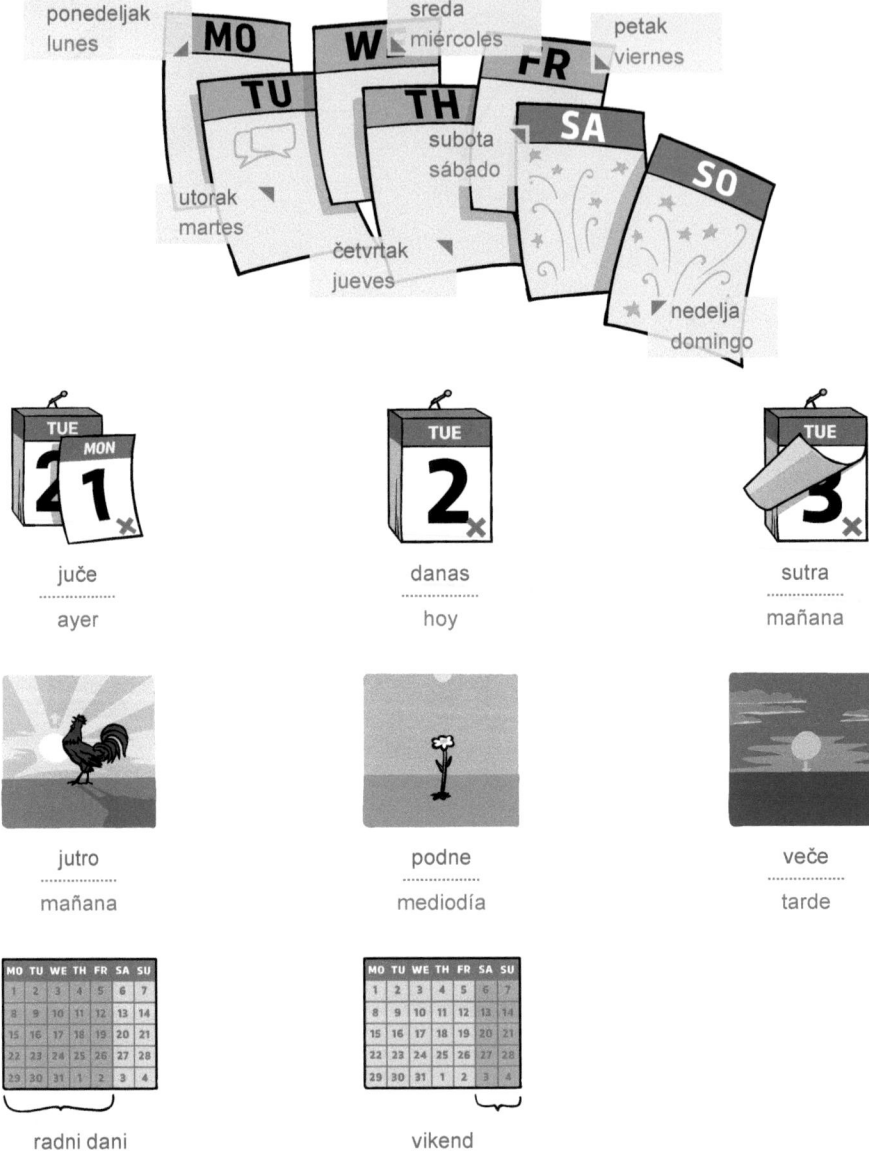

ponedeljak
lunes

sreda
miércoles

petak
viernes

utorak
martes

subota
sábado

četvrtak
jueves

nedelja
domingo

juče
ayer

danas
hoy

sutra
mañana

jutro
mañana

podne
mediodía

veče
tarde

radni dani
días hábiles

vikend
fin de semana

godina

año

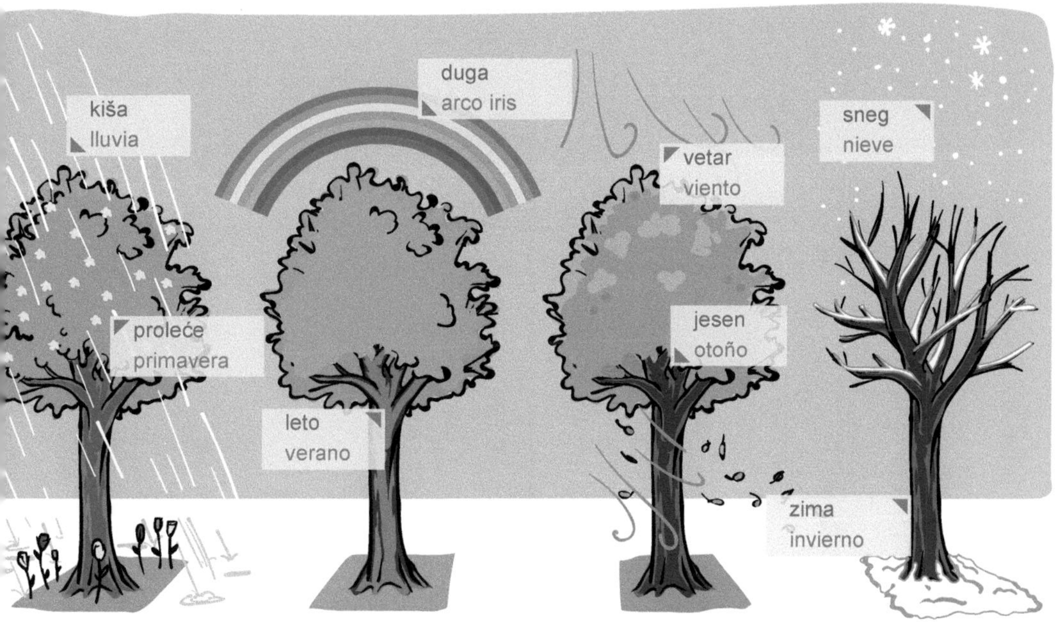

kiša
lluvia
duga
arco iris
vetar
viento
sneg
nieve
proleće
primavera
leto
verano
jesen
otoño
zima
invierno

4.APRIL 11°
5.APRIL 4°
6.APRIL 13°
7.APRIL 8°
8.APRIL 10°

neteorološka prognoza

ronóstico meteorológico

F C
120 90 60 30 0 -30
40 30 20 10 0 -10 -20

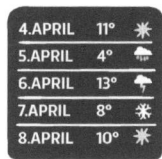

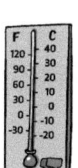

termometar

termómetro

sunčana svetlost

luz del sol

oblak

nube

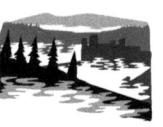

magla

niebla

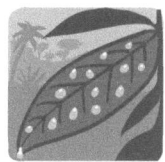

vlažnost vazduha

humedad

munja

rayo

grmljavina

trueno

oluja

tormenta

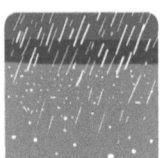

tuča

granizo

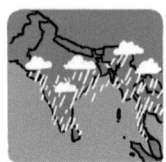

monsun

monzón

poplava

inundación

led

hielo

januar

enero

februar

febrero

mart

marzo

april

abril

maj

mayo

juni

junio

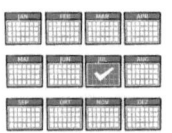

juli

julio

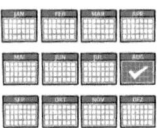

avgust

agosto

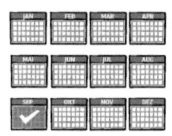

septembar
....
septiembre

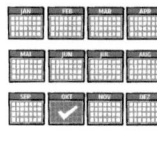

oktobar
....
octubre

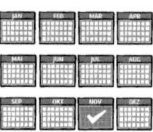

novembar
....
noviembre

decembar
....
diciembre

oblici
formas

krug
....
círculo

kvadrat
....
cuadrado

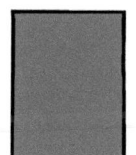

pravougao
....
rectángulo

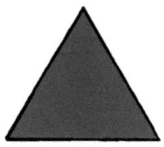

trougao
....
triángulo

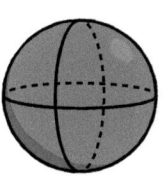

kugla
....
esfera

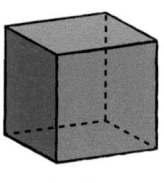

kocka
....
cubo

bela
blanco

žuta
amarillo

narandžasta
naranja

ružičasta
rosa

crvena
rojo

ljubičasta
violeta

plava
azul

zelena
verde

smeđa
marrón

siva
gris

crna
negro

mnogo / malo

mucho / poco

ljutito / mirno

enojado / tranquilo

lepo / ružno

lindo / feo

početak / kraj

principio / fin

veliko / maleno

grande / chico

svetlo / tamno

claro / oscuro

brat / sestra

hermano / hermana

čisto / prljavo

limpio / sucio

potpuno / nepotpuno

completo / incompleto

dan / noć

día / noche

mrtvo / živo

muerto / vivo

široko / usko

ancho / angosto

jestivo / nejestivo

comestible / no comestible

zlo / dobro

malo / amable

uzbuđeno / dosadno

entusiasmado / aburrido

debelo / mršavo

gordo / flaco

na početku / na kraju

primero / último

prijatelj / neprijatelj

amigo / enemigo

puno / prazno

lleno / vacío

tvrdo / mekano

duro / blando

teško / lagano

pesado / liviano

glad / žeđ

hambre / sed

bolesno / zdravo

enfermo / sano

ilegalno / legalno

ilegal / legal

pametno / glupo

inteligente / estúpido

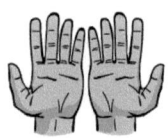

levo / desno

izquierda / derecha

blizu / daleko

cerca / lejos

novo / polovno

nuevo / usado

ništa / nešto

nada / algo

staro / mlado

viejo / joven

uključeno / isključeno

encendido / apagado

otvoreno / zatvoreno

abierto / cerrado

tiho / glasno

silencioso / ruidoso

bogato / siromašno

rico / pobre

tačno / pogrešno

correcto / incorrecto

hrapavo / glatko

áspero / suave

tužno / sretno

triste / contento

kratko / dugo

corto / largo

polako / brzo

lento / rápido

mokro / suho

mojado / seco

toplo / hladno

caliente / frío

rat / mir

guerra / paz

0

nula

cero

1

jedan

uno

2

dva

dos

3

tri

tres

4

četiri

cuatro

5

pet

cinco

6

šest

seis

7

sedam

siete

8

osam

ocho

9

devet

nueve

10

deset

diez

11

jedanaest

once

12

dvanaest
doce

13

trinaest
trece

14

četrnaest
catorce

15

petnaest
quince

16

šestnaest
dieciséis

17

sedamnaest
diecisiete

18

osamnaest
dieciocho

19

devetnaest
diecinueve

20

dvadeset
veinte

100

stotinu
cien

1.000

hiljadu
mil

1.000.000

milion
millón

engleski

inglés

američki engleski

inglés americano

mandarinski kineski

chino mandarín

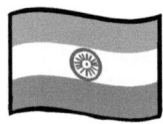

hindski

hindi

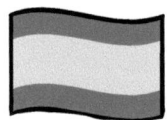

španski

español

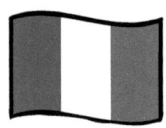

francuski

francés

arapski

árabe

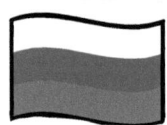

ruski

ruso

portugalski

portugués

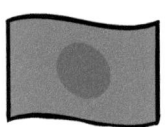

bengalski

bengalí

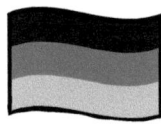

nemački

alemán

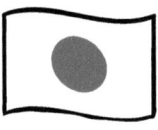

japanski

japonés

ja

yo

ti

vos

on / ona / ono

él / ella

mi

nosotros

vi

ustedes

oni

ellos

Ko?

¿quién?

Šta?

¿qué?

Kako?

¿cómo?

Gde?

¿dónde?

Kada?

¿cuándo?

ime

nombre

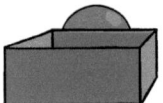

iza

detrás

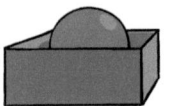

u

en

ispred

adelante de

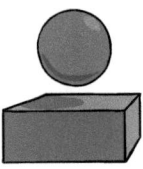

preko

por encima de

na

sobre

ispod

debajo de

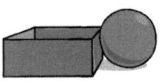

pored

al lado de

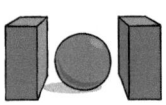

između

entre

mesto

lugar